Siège de Pékin

19 Juin — 14 Août 1900

PAR

Madame S. PONS-LAURENT

CANNES

IMPRIMERIE LOUIS VIDAL

2, Rue des Marchés, 2

Sophie Poux

Cannes le 9 Mai 1901.

O² n
1128

Siège

de

Pékin

19 Juin — 14 Août 1900

PAR

Madame S. PONS-LAURENT

CANNES

IMPRIMERIE LOUIS VIDAL

2, Rue des Marchés, 2

Siège de Pékin

Mardi, 19 Juin 1900.

Ce soir, à cinq heures, tout le personnel de la douane (y compris les dames) étant réuni au bas du jardin de Sir Robert Hart, Inspecteur général des Douanes chinoises, on apporta une dépêche du Tsung-Li-Yamen ordonnant aux européens de quitter Pékin dans 24 heures.

L'émoi fut général et indescriptible : il fut décidé que les Ministres se réuniraient le lendemain matin afin de se rendre au Tsung-Li-Yamen pour demander un sursis et l'autorisation de laisser entrer nos troupes parties de Tientsin pour venir à notre aide.

Mercredi, 20 Juin.

Ce matin, le Ministre de la Légation d'Allemagne, Monsieur le baron Ketteler, étant allé, accompagné de son secrétaire, au Tsung-Li-Yamen, quelques soldats de la troupe chinoise l'ont assassiné.

Ce fut le commencement des hostilités. Immédiatement, les dames et les enfants de toutes les légations et des douanes reçoivent l'ordre de se rendre à la Légation d'Angleterre, où vont se concentrer toutes les forces de la défense.

Les marins seuls restent à leur poste, pour empêcher l'incendie. Mais dans certaines légations, ils ne sont que dix ou quinze et ne devront y rester qu'aussi longtemps que leur vie ne sera pas en danger.

Nous nous sommes rendus, bien escortés, à la Légation d'Angleterre, vers cinq heures du soir. Nous nous installons dans les divers bâtiments de la légation.

Nous qui faisons partie du personnel de la douane, nous occupons une des maisons des étudiants anglais. La famille Piry (Monsieur, Madame et quatre enfants) et moi, sommes tous dans la même chambre. Des matelas apportés sont étendus à terre et l'on se couche tout vêtu.

Tous les halls et les vérandahs sont occupés et la plupart des gens sont dehors, il n'y a plus de place à l'intérieur.

Nos domestiques chinois ont consenti, contre bonne récompense, à nous apporter quelques malles et une caisse de provisions.

Dans les chambres, à côté de nous, se trouvent Sir Robert Hart, trois dames, trois messieurs et deux enfants. Les heures des repas nous réunissent. Les jeunes gens de la douane mangent aussi avec nous. Nous sommes trente-cinq sans compter les six enfants.

Jeudi, 21 Juin.

Aujourd'hui, nous avons eu une rude journée. Nous sommes sérieusement assiégés, on se bat bien. Plus de trois cents boxers, auxquels s'allient contre nous les troupes chinoises, sont tués; nous avons perdu 2 hommes.

Notre nourriture se compose de riz, de viande et de légumes conservés. La farine est rare; on ne fait du pain blanc que pour les tout petits; nous avons du pain noir fait avec du blé avarié et des graines d'oiseaux, et nos portions sont bien minimes.

Le matin, nous mangeons du riz; à midi, un plat de riz avec un peu de viande, puis, encore du riz avec de la confiture; le soir, du riz, et heureux sommes-nous d'en avoir.

Le commerce n'existant pas à Pékin, chacun a des provisions venant de Tientsin ou de Shanghaï, boîtes de conserves, naturellement : Corned beef, jambon, thon, sardines, légumes, lait, beurre, confitures, biscuits.

Espérons que la durée du siège ne dépassera pas celle de nos provisions.

Nous avons par bonheur, du thé et du café en abondance.

Nos journées et la majeure partie des nuits se passent sur les vérandahs; les balles sifflent sur nos têtes, autour de nous; le canon tonne et nous remplit d'effroi.

Vendredi, 22 Juin.

L'eau est rare ; il faut faire sa toilette bien sommairement. La famille Piry et moi n'avons qu'une cuvette et pas d'eau à volonté. Il faut attendre qu'il pleuve et que les puits s'emplissent. Le dicton devient une réalité : A la guerre comme à la guerre.

Une balle est tombée à nos pieds : que Dieu nous garde ! Il n'y a plus de caisses, de pierres ni de briques pour faire des barricades. Nous prenons les tentures, les rideaux, les tapis, les draps de lit pour en faire des sacs que l'on remplit de terre. Et le fil que j'ai reçu de France trouve son emploi. Je ne me serais pas doutée qu'il dût jamais servir à nous défendre.

Les balles sifflent toujours, les détonations sont constantes. La troupe du prince Ching nous aide à nous défendre contre les boxers et les troupes du général Tung-Fu-Hsiang. Trois légations sont déjà la proie des flammes : Autriche, Belgique, Italie ; la Banque russo-chinoise a eu le même sort. On dit que nos maisons de la douane brûlent aussi, mais ce bruit n'est pas encore fondé. Tout cela est navrant. Que Dieu nous aide et nous délivre de l'angoisse de cette guerre barbare, car il n'y a pas de capitulation possible puisque le pis qui puisse nous arriver serait de tomber entre les mains de ces vandales.

Attila et les Huns seraient moins effrayants.

Ce soir, à 4 heures et demie, les boxers ont mis le feu au côté ouest de la légation.

Quand la cloche a sonné le tocsin pour la première fois, cela a produit un effet sinistre. Chaque coup résonnait douloureusement dans nos cœurs. L'incendie est éteint deux heures et demie après.

Samedi, 23 Juin.

Ce matin, à 11 heures, le feu a pris au Han-lin du côté de la bibliothèque des étudiants anglais, puis le soir, à 4 heures et demie du côté des écuries.

La journée est mauvaise, fatigante. Les hommes mariés sont pompiers, les autres sont soldats volontaires et se partagent la garde sur différents points de la légation.

Dimanche. 24 Juin.

A 9 heures du matin, nouvel incendie terrible ; nous faisons la chaîne, tout comme les hommes pendant deux heures.

Ensuite, on démolit les maisons trop proches du mur d'enceinte.

Je couds toute la journée du matin au soir. sans relâche. Tout ce qui tombe sous la main est sacrifié pour faire des sacs. Nous aidons même à les remplir, car tous ceux qui possèdent des fusils sont appelés à la défense de la légation assiégée avec acharnement. On nous bombarde.

Le soir. de 7 heures à 9 heures et demie, je fais du café dans une cafetière de... trois tasses ! et pour trente-cinq personnes !

Quel capharnaüm que cette légation ! Au milieu du parc sont entassés pêle-mêle des caisses, des matelas. des malles, des fusils, et nous. dames. assises un peu partout. nous cousons sans relâche.

Le pain est de plus en plus rare, le riz devient notre unique nourriture. On ne se plaint pas pourtant. il y a du vin.

Lundi. 25 Juin.

Ce soir est arrivé un édit du Tsung-Li-Yamen déclarant la paix établie et nous assurant qu'aucun soldat des troupes chinoises ne tirerait plus sur nous. Par bonheur, les capitaines n'y ont pas cru et on a fait. au contraire, double garde, car, si la soirée a été calme, la nuit a été terrible. On nous a attaqués de trois côtés à la fois. La cloche d'alarme a appelé tous nos défenseurs. La fusillade était si effrayante qu'aucune dame n'osait plus rester dans les chambres: nous étions toutes dans le corridor de la maison, attendant avec anxiété la fin du drame. Jamais. je ne me suis sentie aussi calme que pendant cette nuit épouvantable. rassurant par mes paroles et mon attitude toutes ces pauvres affolées qui savaient leurs maris en péril. Dieu. qui n'abandonne pas les siens. a eu pitié de nous et aucun des nôtres n'a été blessé. Le calme s'est rétabli vers 4 heures du matin.

Mardi, 26 Juin.

Aujourd'hui on fait des casemates pour y abriter les femmes et les enfants au cas où les boulets et les obus chinois, renversant les murailles. nous priveraient d'abri.

Nous avons cousu avec fureur ; pour ma part, j'ai fait vingt-et-un sacs ; entre temps. je raccomode les trop grandes déchirures d'habits des pauvres gens qui ne possèdent plus que ce qu'ils portent.

Nos maisons sont entièrement brûlées ainsi que notre linge et nos vêtements. Nous n'avons que l'indispensable.

L'inspectorat des douanes n'existe plus.

Mercredi, 27 Juin.

Nous avons subi cette nuit deux attaques ; à minuit et à 3 heures du matin. Le repos est impossible, on ne peut rester couché d'autant plus qu'on est habillé et que la fusillade nous attire, malgré nous, sur le seuil de la porte. Quel style ! Impossible de trouver une idée nette de ce que l'on veut dire et encore plus impossible de la fixer.

La journée a été très fatigante. Les cigales chantent et le grondement du canon leur fait un accompagnement de grosse caisse peu ordinaire.

Vers 4 heures, j'ai été touchée à la jambe droite par une balle qui avait ricoché. La partie attaquée est très enflée, mais il n'y a pas éraflure. Néanmoins, j'ai de la peine à marcher.

Jeudi, 28 Juin.

On prétend que les troupes du général Tung-Fu-Hsiang se dirigent vers le nord et que les légations sont attaquées par celles du prince Tuan. Nous désirons ardemment l'arrivée de nos alliés, car cette vie est épuisante et nous sommes tous bien éprouvés par la mauvaise nourriture et le manque de repos. Le jour, on ne sait où se mettre, il fait si chaud ; la nuit, le sifflement incessant des balles nous prive de sommeil.

Nos munitions sont abondantes ; la nourriture ne nous fait pas défaut, quelque restreinte qu'elle soit. Les conserves touchent à leur fin ; nous mangeons de la viande de cheval. Ces messieurs n'ont plus besoin de chevaux de selle. Les promenades se font sur les murailles, le fusil sur l'épaule, le revolver au côté.

Ce soir, à 6 heures et demie, la cloche d'alarme a interrompu le dîner ; l'attaque était faite du côté des écuries. Les détonations sont incessantes toute la nuit. Quelle vie d'angoisses nous menons ! Les enfants seuls ne se rendent pas compte du danger et jouent.... à la guerre. Les uns sont des soldats Chinois, les autres sont boxers. Parmi ces derniers se distingue un de mes élèves, âgé de huit ans. C'est un bon petit garçon, à physionomie intelligente, caractère énergique pour son âge, ce qui le fait généralement choisir comme chef. Les morceaux d'étoffe trop petits pour devenir des sacs leur servent pour leurs uniformes et leurs drapeaux. Heureux âge qui joue de ce qui nous épouvante !

Vendredi, 29 Juin.

A 3 heures ce matin, deux expéditions se sont effectuées ; l'une, du côté du Fou pour incendier quelques maisons chinoises trop rapprochées de nous ; l'autre, derrière les écuries pour tâcher d'enlever leur canon aux Chinois.

Ni l'une ni l'autre n'ont abouti. Du côté du Fou, la sentinelle sur laquelle on avait tiré a crié, et aussitôt deux cents chinois ont surgi et nos quelques hommes ont dû battre en retraite.

Du côté du canon, le capitaine anglais qui commandait une cinquantaine d'hommes a fait mettre le feu à deux endroits différents, sur leur passage, sans réfléchir qu'ils étaient obligés de reprendre le même chemin, de sorte qu'ils ont dû revenir sur leurs pas, sans pouvoir pousser plus loin... Aucun des nôtres n'a été blessé. Il n'y a pas eu d'attaque précise dans la journée ; les chinois ont tiré de tous les côtés à la fois.

On travaille avec plus d'acharnement que jamais pour fabriquer des sacs. Les boutiques chinoises, abandonnées par leurs propriétaires sont pillées, et leurs étoffes nous servent : draperies de soie, broderies chinoises, tout devient matière à sac.

Pauvres gens ! C'est le sort des innocents pendant la guerre ! car la plupart de ces marchands sont catholiques et pour cela, sont obligés de fuir afin d'échapper au massacre.

A 7 heures et demie on a tenté encore une expédition vers le Fou, mais on n'a pas réussi.

Samedi, 30 Juin.

Hier soir, à 9 heures et demie, nous avons été attaqués ; instantanément, tous les volontaires ont été à leur poste ; mais à 10 heures, un violent orage a éclaté ; c'était effrayant ; le fracas du tonnerre se mêlait aux détonations incessantes des fusils chinois. Cela a duré pendant deux heures, puis un peu de calme a succédé à la furie de tant d'éléments déchaînés à la fois ; la fusillade, quoique moins précipitée, a duré jusqu'au matin.

Plusieurs coups de canon se sont fait entendre dans la journée. Des éclats d'obus sont tombés à nos pieds ; personne n'a été blessé. L'après-midi a été tranquille. Quelques jeunes gens, allant du côté de la légation d'Allemagne, ont appris que sur la muraille (muraille d'enceinte de la ville tartare qui est celle que nous habitons), du côté des portes de Chien-Men et de Ha-Ta-Men, les chinois font, à notre exemple, des barricades et des meurtrières.

Dimanche, 1er Juillet.

Le canon a tonné toute la journée, produisant des effets désastreux. La légation de France a surtout été éprouvée. Un de nos jeunes gens français de la douane, M. Wagner Edouard, le plus vaillant, le plus brave, aimé de tous y reçut un éclat d'obus au cou et fut tué instantanément. A la consternation éprouvée au reçu de cette nouvelle succéda bientôt, et de la part de nous tous, un chagrin sincère et le désir de l'inhumer dans la légation d'Angleterre où nous nous trouvons (ce qui ne s'est pas fait jusqu'ici). L'après-midi a été l'un des plus tristes que nous ayons passés ; nous avons fait en feuillage et en fleurs une croix et une couronne autour desquelles j'ai noué les rubans blancs que Madame Piry avait offerts.

L'inhumation de ce regretté volontaire a eu lieu à 4 heures ainsi que celle de deux marins, morts aussi pour la bonne cause.

Devant ce résultat désastreux, on décida d'essayer de prendre aux Chinois leur canon qu'ils avaient protégé par une barricade. Trente hommes, conduits par un officier italien, partirent du Fou pour cette expédition, mais ils se fourvoyèrent et suivirent un chemin qui les amena en face de la barricade au lieu d'arriver derrière. Les Chinois les accablèrent d'une fusillade enragée : l'officier est blessé grièvement, deux hommes sont tués et sept autres blessés.

Journée néfaste ! Puisse-t-elle être la dernière et marquer le maximum des épreuves que nous avons encore à subir ! Que dans Sa grande miséricorde, Dieu veuille nous épargner désormais !

Lundi, 2 Juillet.

Le calme a succédé à la tempête et chacun désire ardemment que ce ne soit pas un calme apparent. La nuit a été très tranquille. Dans la journée, quelques coups de fusil très espacés et quelques grondements du canon nous font supposer que nos troupes ne sont pas loin ou que les munitions manquent aux Chinois; mais nous en sommes réduits aux hypothèses.

Mardi, 3 Juillet.

L'événement de la journée est la prise de possession des deux barricades chinoises sur la muraille par les Américains.

Ces deux barricades étaient un grand danger car l'une d'elles, établie dans un bastion et formant un demi-cercle, donnait accès sur la barricade américaine.

Avant de partir, le capitaine Mayer choisit une cinquantaine d'hommes de diverses nationalités et les harangua ainsi : « Il y a dans la légation d'Angleterre trois cents femmes et enfants dont la vie dépend, peut-être, de la tentative que nous allons faire. Que celui qui a peur sorte des rangs ». Un américain seul n'eut pas le courage de suivre le vaillant capitaine, nouveau Bayard. La petite troupe dont le zèle fut ranimé par la bravoure et la crânerie de leur chef surprit les Chinois et leur enleva leurs barricades.

C'est le plus haut fait d'armes qui ait été accompli jusqu'ici.

Mercredi, 4 Juillet.

La journée a été assez calme. On entend toujours quelques détonations, mais moins fréquentes.

Jeudi, 5 Juillet.

Nous déplorons la perte d'un des chanceliers de la légation, M. Oliphant, qui, blessé grièvement au côté droit, est mort deux heures après. Tristesses sur tristesses, deuils sur deuils ! Toujours de nouvelles victimes de cette guerre barbare et sans précédent.

Vendredi, 6 Juillet.

La journée est assez calme et si la fusillade continue, du moins, elle n'est plus enragée. Les Japonais ont fait une tentative pour prendre le canon Chinois. Le capitaine japonais a été mortellement blessé; deux soldats le sont aussi, mais peu grièvement. La tentative a échoué, elle a eu cependant un résultat, celui d'isoler le canon qui se trouve maintenant entre les deux barricades chinoise et japonaise.

A noter encore la mort d'un étudiant russe qui s'étant approché de la barricade française derrière laquelle étaient les chinois, reçut deux balles mortelles à l'œil et au cou. Son corps a été enlevé par l'ennemi.

Mes élèves et moi avons quelques livres classiques et pour distraire les deux aînées, je deviens leur lectrice pendant la majeure partie de la journée. Lectures peu attrayantes pour moi, car histoires de France, ancienne, grecque et romaine ne me ramènent que trop à la pensée du siège que nous subissons. J'aurais pourtant besoin de l'oublier un peu pendant la journée car les nuits sont bien fatigantes ; si le sommeil clôt les paupières, le canon met bientôt un terme au repos. Ces dames se reposent toutes pendant l'après-midi ; moi seule, chargée de veiller sur mes élèves, n'ai pas un instant de répit.

Samedi. 7 Juillet.

Ce matin des rumeurs circulent. On entend des roulements de batteries dans le lointain, au sud-est et au nord-ouest, à huit milles environ.

Dans l'après-midi, ces bruits sont confirmés car nous les percevons très distinctement de la bibliothèque des étudiants.

Nous espérons que ce sont nos troupes qui, sur leur passage, nous débarrassent de nos ennemis. A 1 heure, furieuse attaque à la légation de France à l'aide de canons. Cinq Chinois, croyant les Français éloignés, pénètrent par la brèche faite par un obus et sont tués. Trois d'entr'eux portaient l'uniforme des troupes de Tung-Fu-Hsiang (rouge à bandes et caractères noirs). Le canon tonne avec fracas ; des obus nous arrivent, un tombe sur la table de la salle à manger de lady Macdonald, femme du Ministre d'Angleterre. La soirée est mauvaise et la fusillade ainsi que le grondement du canon se sont fait entendre toute la nuit.

Un incident qui peut avoir une grande importance s'est produit aujourd'hui. Les Russes possèdent 125 obus, mais leur canon est resté à Tientsin, de sorte qu'on a opéré une fouille dans tous les magasins chinois pour y chercher de vieux matériaux afin d'en fabriquer un, et, surprise ! on a trouvé un canon anglais portant la date de 1860. Immédiatement on l'a monté sur deux roues de rickschaw (pousse-pousse) et on l'a essayé. L'expérience a parfaitement réussi. On a alors assujetti le canon *Anglais* sur une planche de bois *Chinois*, laquelle on a posée sur le char des munitions des *Italiens* et l'on se sert des obus *Russes*. Nous voilà en possession d'un canon *international*.

Dimanche, 8 Juillet.

Notre nouveau canon a tonné aujourd'hui avec succès. Les chinois sont effrayés et nous laissent un peu de répit pendant le jour. malgré quelques heures de fusillade; mais, à 10 heures du soir, nous subissons une furieuse attaque du côté nord-ouest de la légation, au Carriage-Park (parc aux voitures): nous avons une fois de plus le dessus sans accident.

Lundi, 9 Juillet.

Trois coolies chinois ont essayé de mettre le feu dans la légation de France : ils ont été pris et l'un d'eux a été fusillé instantanément. Quand aux autres, on les a questionnés ; mais devant l'invraisemblance de leurs racontars, on leur a fait subir le même châtiment.

Le secrétaire de la légation d'Amérique a alors envoyé aux renseignements un de ses domestiques chinois et quelques heures après on lisait sur une affiche le résultat de ses recherches :

« Il n'y a plus aucun soldat chinois dans la cité chinoise; seule, une partie de la troupe de Tung-Fu-Hsiang garde les portes de Ha-Ta-Men et de Chien-Men. Il n'y a aucune apparence de l'arrivée des troupes étrangères: les Chinois ont une peur inouïe des européens: l'Impératrice est toujours au Palais; la Gazette de Pékin *est imprimée chaque jour: les rues ont leur aspect habituel et les boutiques sont ouvertes ».*

On ne peut croire à la véracité de ce rapport, d'abord parce qu'il est bien certain que les Chinois. dont l'habitation avoisine la muraille. se sont sauvés. ensuite parce qu'il est plus que sûr que l'Impératrice n'attend pas dans son palais l'arrivée de nos troupes (attendues chaque jour). car les premiers obus lui seront certainement destinés. Nous voilà plus que jamais dans l'incertitude. Les Chinois reprennent leurs attaques de nuit ; le canon tonne et les balles sifflent sur nos têtes. tombent à nos pieds. sans cesse. sans répit.

Vers le soir. quelques volontaires sont sortis pour une expédition du côté de la légation de Russie. Ils ont pu démolir deux huttes chinoises et mettre le feu aux autres. Voilà un point de gagné qui ne nous a causé aucun dommage,

Vers 9 heures et demie, nouvelle attaque des Chinois, mais sans succès.

Les Messieurs de la douane ont témoigné le désir d'avoir une tasse de café le matin : je me suis rendue à cette demande, cette occupation dure de 7 à 9 heures, mais je suis amplement récompensée de ma peine par le plaisir qu'elle leur apporte.

Mardi, 10 Juillet.

Furieuse attaque à la légation d'Allemagne. Eclats d'obus dans la cuisine et le salon. Les Chinois ont coupé les fils télégraphiques ; ils ont en outre, essayé de faire une brèche dans le mur du Club pour pénétrer dans la légation d'Allemagne ; mais bonne garde était faite et leur dessein a été déjoué.

Le canon tonne avec force et nous fait tressaillir d'épouvante. Le faîte de la grande porte est enlevé et le lawn-tennis est parsemé de briques et de branches d'arbres.

Le Fou est pour le moment, le point culminant de l'attaque. Nos volontaires et les Japonais s'y partagent la garde.

M. Oliphant, frère de celui dont on déplore la perte, a été blessé. Son état n'est pas grave.

M. Chamot, propriétaire de l'Hôtel de Pékin (le seul qui existe et qui sert à l'approvisionnement des légations et des douanes) soutient une résistance héroïque.

L'hôtel est contigu à la légation de France, de notre côté.

Madame Chamot n'a pas quitté son mari ; c'est une vaillante, elle vaut bien deux hommes pour la bravoure, le sang-froid et l'énergie qu'elle déploie. Chacune de ses balles porte et fait une victime.

Il faut un courage sans égal à tous ces braves Français pour persister à une défense aussi périlleuse par sa position, mais qui est pour nous une sauvegarde.

Venu hier soir à la légation pour parler au Ministre d'Angleterre, M. Chamot m'a dit lui-même que M. Pichon, notre cher et vaillant Ministre avait noué le ruban rouge à sa boutonnière. Les autres ministres lui ont aussi promis que les puissances qu'ils représentent feront leur devoir à son égard, et ce n'est que justice, car là ne s'arrête pas le mérite de cet homme énergique.

C'est encore lui qui met la main à la pâte pour nous procurer le pain que nous avons et ce n'est pas petit ouvrage.

Mercredi, 11 Juillet.

Il fait une chaleur accablante, démoralisante même. Attaque à la légation de France : dix-huit coolies chinois tués par deux Français. L'un de ces coolies interrogé avoue qu'ils sont envoyés pour visiter les bouches d'égouts afin d'y mettre une mine.

Les Chinois ont fait une barricade au Han-lin, laquelle a été démolie le soir à 6 heures à l'aide de nos deux canons.

On dit que les troupes de Tung-Fu-Hsiang ont disparu et que les troupes du prince Ching combattent contre celles du prince Tuan.

Jeudi, 12 Juillet.

Cette nuit, les Chinois ont encore élevé une barricade entre Carriage-Park et le Han-lin, sur la muraille jaune. Ce matin, ils ont mis le feu à la dernière maison chinoise derrière la barricade japonaise. Japonais et Italiens sautent par-dessus la barricade, poursuivent les Chinois surpris et effrayés et s'emparent de leurs armes et munitions.

Derrière la légation de France, on a fait prisonnier un coolie ennemi surpris en flagrant délit de vol. On l'a amené à la légation d'Angleterre pour y être interrogé. Il a fait les aveux suivants :

« Les troupes du prince Ching ont vaincu celles du prince Tuan. Tung-Fu-Hsiang a perdu 1500 hommes. Le reste de sa troupe doit se se retirer dès qu'il aura reçu sa part du butin. Les alliés ont pris Tientsin, Chefoo et Pao-ti-Hsien. 67000 Anglais se trouvent à peu de distance de Pékin. Ils ont pris en outre les forts de Ta-ku, il y a cinq jours. L'ennemi est logé dans la " Hong-kong-bank ". Chaque homme reçoit trois tiao (7 dans un 1 dollar) par corps européen rapporté à Chi-Hua-Men, quartier général de l'ennemi ».

Jusqu'à preuve du contraire, on croit aux déclarations de ce coolie qui est gardé à vue, mais bien traité et auquel on fera grâce s'il a dit vrai.

Du Han-lin, nos volontaires et marins ont tiré quatre coups de canon sur le mur qui a été emporté en partie.

Un soldat américain, un sergent anglais et un allemand ont pris le drapeau chinois. Nous occupons aujourd'hui le temple situé derrière le Han-lin.

Dans la nuit, les Chinois ont bâti une nouvelle barricade, mais le drapeau n'y flotte plus. Au Fou (Su-Wang-Fu) un soldat italien est décapité par un boulet.

Vingt Chinois se sont avancés sur un Japonais, les Anglais ont tiré sur eux et les ont mis en fuite. M. Narahara, deuxième secrétaire de la légation du Japon a été grièvement blessé.

Les marins ont entendu très distinctement, cette nuit, les soldats chinois élever leur barricade et piocher la terre. Ils sont peu nombreux, paraît-il, on les entend même causer, mais sans pouvoir saisir le sens des paroles (côté du Han-lin).

J'ai trouvé au fond d'une malle du coton et des crochets ; j'ai enseigné de petits ouvrages à mes élèves qui sont enchantées d'avoir quelque chose à faire : le temps leur paraîtra moins long et elles écouteront mes lectures avec plus de patience.

Vendredi, 13 Juillet.

Les Chinois sont entrés dans la légation d'Allemagne, mais ils ont été tués ou mis en fuite ; trois cents cartouches et les fusils leur ont été enlevés. Nous comptons parmi les nôtres trois blessés dont l'un est atteint mortellement.

A la légation de France, les Chinois se sont avancés jusqu'à la barricade et là, ils ont joué du bugle ; aussitôt les Français s'y précipitent : c'était un guet-apens, car au même instant, une terrible explosion se fait entendre. M. Picard-Destelan, assistant des Douanes, M. Von Rosthorn, chargé d'affaires de la légation d'Autriche, le capitaine Darcy, lieutenant de vaisseau et deux marins sont ensevelis sous les décombres. Dix minutes après, une seconde explosion a lieu qui, ainsi que me l'a raconté M. Von Rosthorn, a projeté les matériaux et lui avec à dix mètres de là : il n'a eu aucun mal ; le capitaine Darcy est blessé légèrement à la figure, M. Picard-Destelan est sain et sauf, mais nos deux marins français sont tués.

Les Chinois ont ensuite mis le feu aux diverses maisons de la légation, sauf à l'église. Ils prennent peu à peu possession de la légation pour arriver à l'hôtel Chamot.

Les Français ont perdu dans ce déplorable accident six fusils et trois cents cartouches.

Dans la légation d'Angleterre, les boulets pleuvent autour de nous ; l'un d'eux a touché le toit de la maison puis est tombé à mes pieds.

C'est un trophée que je garde avec l'espoir de l'emporter là-bas, dans ce joli coin de France où sont à l'abri de nos alarmes tous mes bien-aimés.

Viendra-t-on à temps à notre secours ? Les munitions diminuent, les provisions aussi ; quoi qu'il en soit et s'il faut mourir, nous ne tomberons pas vivants entre les mains de nos bourreaux. Les hommes se conduisent en héros, mais il y a aussi des femmes ayant assez de courage, de sang-froid pour épargner, par une balle, le martyre à ces pauvres et chers enfants qui ne se doutent pas que la mort les guette au milieu de leurs jeux.

Samedi, 14 Juillet.

Un messager chinois envoyé par nous à Tientsin a été pris en route par les soldats du prince Ching qui l'ont fort maltraité et se sont emparés de la lettre dont il était porteur ; ils l'ont ensuite chargé d'une lettre pour nous, ainsi conçue :

« Nous regrettons vivement les faits produits de ces derniers temps et si vous voulez vous rendre par dizaines, sans armes, au Tsung-Li-Yamen, nous nous engageons à vous faire passer. Sinon, malgré toute l'affection que nous vous portons, nous ne pourrons empêcher les choses de suivre leur cours ».

Décidément, les Chinois ne sont pas d'une intelligence rare quant aux questions diplomatiques. Ont-ils vraiment pensé que nous commettrions l'insigne sottise de croire aux promesses de leur message ?

Dans la journée, les marins et volontaires ont tiré du Han-lin et du Carriage-Park sur les barricades dans la direction du Palais.

Un boulet a frappé et percé le mur de la maison que nous occupons ; deux dames se reposaient dans la chambre où le boulet est tombé, projetant autour d'elles des briques et des pierres, sans leur faire aucun mal. Un autre boulet a emporté le rasoir qu'un jeune homme aiguisait sans que celui-ci ait été touché.

La légation de France est brûlée du côté Est ; les Chinois en occupent à peu près la moitié, jusqu'à nos barricades ; leur quartier général est à l'emplacement de la maison de Monsieur et Madame Pichon auxquels il ne reste plus rien de ce qui leur appartenait. Mais le Ministre de France ne récrimine pas et donne à tous le bon exemple par sa vaillance à supporter tous les coups, par sa résignation aussi, en face de l'épreuve.

La situation devient de plus en plus grave car nos alliés n'arrivent pas et les Chinois nous entourent. Le Fou, la légation de France, l'hôtel Chamot et la légation d'Allemagne sont nos avant-postes, mais ils sont déjà bien ébréchés ; le Club, qui protégeait la légation d'Allemagne est la proie des flammes. Sur 425 hommes chargés de la défense, 60 y ont trouvé la mort, 200 ont été blessés.

Ah ! les bombes ne nous ont pas manqué à l'occasion du 14 Juillet et la fusillade de 10 heures du soir a surpassé tous les feux d'artifice.

Journée néfaste encore et démoralisante !

Dimanche, 15 Juillet.
Attaque de 10 heures à minuit. Un étudiant anglais, M. Warren a été blessé et a succombé à ses blessures deux heures après.

Nous mangeons du mulet maintenant et le matin, à déjeuner, nous mangeons de la farine de millet bouillie ; le pain noir nous paraît délicieux. On économise le riz.

Lundi, 16 Juillet.
Un intrépide et vaillant homme de tête, le capitaine Strouts, parti ce matin au Fou, y a reçu une balle dans l'estomac ; il est mort une heure après ; un des meilleurs soldats américains est mort aussi ; le docteur Morrisson et deux soldats sont blessés.

Dans la légation, le médecin américain est blessé grièvement.

On reçoit une dépêche du Tsung-Li-Yamen proposant de cesser le feu.

Pendant les funérailles du capitaine Strouts, un drapeau blanc a flotté sur le pont Nord annonçant un message. En effet, deux lettres ont été remises, l'une au Ministre d'Angleterre (propositions de paix) l'autre contenant une dépêche chiffrée pour M. Congher, Ministre des Etats-Unis. Les caractères employés

dans la dépêche existent seuls entre ce Ministre et son Gouvernement à Washington, ce qui fait croire à l'authenticité du télégramme.

L'apparition du drapeau blanc a été signalée et soulignée par quatre obus qui ont éclaté dans la légation.

On fait des contre-mines du côté du Han-lin pour faire sauter le Pavillon jaune, lieu de retraite des Chinois qui, assurément, préparent une nouvelle explosion du côté de la bibliothèque des étudiants anglais.

D'après le rapport d'un prisonnier chinois, le général Nieh aurait été battu et tué par nos troupes.

Mardi, 17 Juillet.

Pendant la nuit, le missionnaire Nostegard, dont les facultés mentales sont très affaiblies, nous a attiré une attaque par ses cris. Un marin anglais a été blessé.

Tout est tranquille dans la journée, mais les Chinois, malgré leurs promesses continuent leurs barricades dans la légation de France. On leur a intimé l'ordre de s'arrêter.

M. Pelliot, archéologue français, s'est approché d'une barricade, a causé avec les Chinois et a même bu du thé avec eux. Malgré les ordres du capitaine Darcy, il ne s'est pas retiré. Il a été fait prisonnier par les Chinois et conduit par eux au Tsung-Li-Yamen d'où on l'a renvoyé deux heures après. C'est miraculeux que cette témérité n'ait pas eu une fin tragique. Le stratagème est aisé à deviner ; ils veulent nous amadouer.

Trois boxers sont venus se livrer eux-mêmes ; nous en déduisons que nos troupes approchent et que les Chinois ont peur.

Mercredi, 18 Juillet.

Un messager japonais a apporté de Tientsin au colonel japonais Shiba, une lettre annonçant pour le 20, le départ de troupes européennes au nombre de trente mille hommes, venant à notre secours. Une avant-garde de quatre mille hommes environ doit les précéder. Nos troupes ont, paraît-il, pris possession de Tientsin en deux jours.

l'armistice continue, on peut acheter quelques œufs et des légumes, mais nous sommes si nombreux que les portions sont petites. Les œufs ne sont donnés qu'aux malades et aux enfants.

Jeudi, 19 Juillet.

Nuit tranquille. Les malades à l'hôpital, sont assez bien.

M. Congher essaye d'envoyer un télégramme annonçant que tous les Européens, dans la légation d'Angleterre, vont bien, mais le Yamen refuse de transmettre la dépêche.

L'Impératrice est, contre toutes prévisions, au Palais ; elle envoie des fruits aux Ministres et à Sir Robert Hart.

Vendredi, 20 Juillet.

M. Joostens, ministre de Belgique, reçoit une lettre de son consul de Tientsin disant que les forts du Ta-ku, l'arsenal, les magasins de munitions et Tientsin sont entre les mains des alliés qui comptent sept cents morts ou blessés.

Nous recevons la *Gazette de Pékin* dont on lit les traductions à la Tour de la cloche située au milieu de la Légation d'Angleterre.

Il a fait terriblement chaud aujourd'hui, cela m'a suggéré l'idée d'installer, à l'aide de nattes, un petit coin confortable sur la vérandah, car le soleil est très incommodant. Malgré la chaleur, l'après-midi est le seul moment agréable ; les Chinois sont moins enragés à tirer pendant les heures brûlantes de la journée.

Samedi, 21 Juillet.

Sir Robert Hart reçoit deux lettres du Tsung-Li-Yamen s'enquérant de sa santé et lui demandant de bien vouloir donner un conseil. Sir Robert répond à la première demande, mais ne dit rien de plus.

Dimanche, 22 Juillet.

Point de nouvelles. Aucun coup de fusil. Qu'est-ce que cela veut dire ? Nos troupes s'approcheraient-elles ?

Je profite de cette tranquillité momentanée pour aller m'asseoir un moment sur le tennis jusqu'à ce que la fusillade me chasse du coin où je viens chercher un peu de repos moral.

Lundi, 23 Juillet.

Pluie torrentielle pendant la nuit ; tout est inondé. Les troupes doivent être très près de nous car les Chinois sont très aimables. Ce sont des hypothèses, toujours. Nous attendons bien impatiemment quelques certitudes.

Mardi, 24 Juillet.

M. Narahara, secrétaire japonais, est mort à l'hôpital, des suites de ses blessures ; un Italien est blessé, au Fou, par une balle qui lui traverse le bras : un de nos coolies est tué ; un autre blessé.

On continue à fortifier les positions.

Mercredi, 25 Juillet.

Ce soir vers 5 ou 6 heures, un messager apporte à la légation d'Allemagne quatre lettres dont trois étaient pour Sir Claude Macdonald, la quatrième pour Sir Robert Hart.

Les trois premières venaient du Tsung-Li-Yamen et contenaient la proposition d'aller immédiatement à Tientsin sous la protection des troupes chinoises ; en outre, on priait les Ministres d'envoyer leurs télégrammes « en clair ».

Une réunion du corps diplomatique est fixée au 26 à 10 heures du matin.

Voilà la cause de l'amabilité des Chinois ! Tendre des guet-apens et les recouvrir de politesses et de promesses.

Jeudi, 26 Juillet.

On a décidé, après réunion, de ne pas accepter les propositions faites par le Tsung-Li-Yamen, mais la réponse n'a pas été donnée définitivement, le Corps diplomatique alléguant la nécessité d'une autre réunion.

La nourriture m'éprouve beaucoup ; je ne puis plus manger le pain noir ; je ne bois plus de vin. Ces lectures faites à voix haute me fatiguent beaucoup. Je ne suis pas pessimiste, mais il me semble que je file du mauvais coton.

Vendredi, 27 Juillet.

Il fait moins chaud pendant la matinée. L'Impératrice envoie encore des fruits aux Ministres. On dit cependant qu'elle est furieuse de ce que les boxers... n'ont pas réussi à tuer les étrangers et les Chinois chrétiens.

On dit aussi que le Pei-tang a été attaqué, il y a deux jours et que la Cour fait des préparatifs pour quitter Pékin.

Un messager porteur d'une lettre à Yung-Lu est revenu aujourd'hui et rapporte ce qui suit :

J'ai porté la lettre au quartier général de Yung-Lu qui m'a retenu prisonnier pendant sept jours ; de petites bandes de boxers patrouillent dans les rues de Pékin ; les soldats de Tung-Fu-Hsiang ont arrêté, il y a quatre jours, un étranger déguenillé, de mauvaise apparence qui parle le chinois. On l'a amené à Yung-Lu qui l'a interrogé et l'a fait conduire, sous bonne escorte au Yamen de l'ad- -ministration métropolitaine (Shun-Tien-Fu).

Nous supposons que cet étranger ne peut être que Nostegard évadé depuis quelques jours.

Samedi, 28 Juillet.

Nuit agréable et moins chaude ; pas d'attaque sérieuse ; quelques coups de fusil nous montrant que les Chinois sont toujours autour de nous.

Dans la matinée, un messager arrive de Tientsin apportant à Sir Claude Macdonald de la part du consul anglais une lettre dont voici la teneur :

« 22 Juillet 1900. — J'ai reçu votre lettre du 4 Juillet. Il y a en ce moment 24000 hommes débarqués et 19000 ici. Général Gazelee attendu à Tientsin demain. Des troupes russes à Pei-t'sang. Tientsin sous le contrôle étranger ; la force des boxers est nulle. Il y a beaucoup de troupes en route si vous avez assez de vivre pour les attendre. Presque toutes les dames ont quitté Tientsin. *Signée :* W. R. CARLES. »

Cette lettre nous a jetés dans la consternation la plus complète. Comment l'interpréter ? Les troupes sont-elles en route d'Europe pour Tientsin ou de Tientsin pour Pékin ? Ici, les opinions sont très diverses et il se forme deux partis : optimistes et pessimistes.

D'autre part le messager apportant cette lettre dit :

En approchant de Tientsin, j'ai rencontré des troupes étrangères russes, japonaises et anglaises. Après avoir remis la lettre j'ai quitté Tientsin, le soir du 23. La première nuit, j'ai dormi près de Yang-Tsun dans la chaudière d'une locomotive ; le pont n'est pas détruit ; j'ai vu quelques fantassins chinois, mais le gros de l'armée est près de Pei-t'sang ; le 24, j'ai dormi près de Ho-Hsi-Wu, où il n'y avait que quelques soldats ; le 25, j'étais près de Ma-Tou ; là, les boxers étaient dans la ville. La rivière Pei-Ho est haute et sillonnée de bateaux ; le 26, j'arrivai près de Zu-Chia-Wei ; enfin le 27, j'arrivais devant l'une des portes, la Sha-Huo-Men. Le télégraphe est détruit et la plus grande partie de la voie ferrée démolie. Je trouve Ha-Ta-Men fermée et j'entre par le canal. Tous les Yamens de Tientsin sont sous le contrôle étranger. La route est en bon état ; les habitants des villes et des villages travaillent comme à l'ordinaire, mais dans chaque localité s'organisent des troupes de boxers. La force armée se concentre près de Pei-t'sang dans un endroit situé à 20 milles à l'Ouest de Tientsin. Le jour de mon départ, les troupes étrangères n'avaient pas encore quitté Tientsin !!!

C'est à en perdre la tête et ne plus pouvoir croire à un seul message. Nous nous leurrons d'espérances, déçues par chaque journée qui s'écoule.

Dimanche, 29 Juillet.

Nostegard est revenu ce matin ; il a été, dit-il, assez bien traité chez Yung-Lu ; mais, néanmoins, il ne se soucie plus de recommencer une telle sortie.

Rumeurs : *L'Impératrice désire que Tung-Fu-Hsiang et Yung-Lu l'escortent à Hsian-Fu. Ceux-ci refusent et lui proposent de faire appeler Li-Ping-Heng pour procéder au massacre des étrangers. Li-Ping-Heng, obéissant aux injonctions de l'Impératrice, est donc venu prendre le commandement des boxers qui attaquent le Pei-tang ; ils sont, paraît-il cinq mille.*

On entend quelques détonations ; vers le soir, un Italien est blessé dans les écuries du Nord.

Lundi, 30 Juillet.

On tire beaucoup pendant toute la nuit dans la direction du Pei-tang. Les Chinois ont élevé une barricade sur le pont du Sud. Ils ont tué un coolie et en ont blessé un autre.

On a forcé 43 Chinois non convertis à quitter la ville par le Canal et on leur a acheté tout ce qu'il leur restait de vivres.

Rapport du colonel Shiba, d'après un messager chinois apportant les renseignements suivants :

J'ai quitté Chang-Chia-Wan le 29 à 8 heures du matin. Une bataille a été livrée de 3 à 8 heures, les Chinois ont été tués. Les étrangers s'avancent vers Ma-Tou. A 8 heures, les Chinois se retirent vers Chang-Chia-Wan. Leur force est de 20 liangs (10000 hommes). On leur a envoyé 3 canons qui, jusqu'à présent, étaient sur une des portes, la Chien-Men. Le Pei-tang est attaqué sérieusement. L'Impé-ratrice a commandé 300 charrettes et Tung-Fu-Hsiang en prépare plus d'une centaine pour aller vers l'Ouest. On ignore le jour du départ. Le quatrième fils de Tung-Fu-Hsiang est arrivé avec 500 hommes près de Liang-Hsiang. Toutes les portes de Pékin, la Chi-Hua-Men et la Ping-Tzu-Men exceptées, sont prêtes a être fermées. Des pierres et des sacs de sable sont entassés pour les barricader. — Beaucoup de boxers tués au Pei-tang; 12 régiments du Général Ma vont à Chang-Chia-Wan. Li-Hung-Chang est attendu à Tientsin dans deux jours.

Nos cœurs se refusent l'espérance de la proximité de nos troupes, car depuis six semaines de siège, il y a un mois que nous les attendons chaque jour. La démoralisation s'empare de nous; je suis à bout de forces.

Mardi, 31 Juillet.

Sir Robert Hart a reçu de Londres un télégramme chiffré, bien intéressant, dit-il.

Une dépêche officielle de Chi-Nan-Fu rapporte que Yuan-Shi-Kaï a rejoint les Allemands à Shantung et que leurs forces se concentrent près de Ching-Chow-Fu.

On prétend que mille Chinois sont entrés dans la ville et y préparent une attaque pour ce soir.

J'ai confectionné, aujourd'hui, douze cravates pour ceux des volontaires de la douane, qui n'en ont plus ; leur tenue en est plus correcte et ils sont enchantés.

Mercredi 1er Août.

La nuit a été tranquille et l'attaque n'a pas eu lieu. Quelques détonations seulement qui cessent vers le matin. Le colonel Shiba a reçu une lettre de Tientsin, datée du 26 Juillet et ainsi conçue :

« Reçue votre lettre du 22 courant ; le départ des troupes a été retardé par des difficultés de transport, mais dans deux ou trois jours, elles partiront. Nous vous écrirons encore pour vous fixer sur leur arrivée à Pékin. Les troupes chinoises ont été battues définitivement près de Tientsin, le 15 courant. »

Le Dr Morrisson, correspondant du *Times* a reçu les mêmes nouvelles. L'état actuel de la Chine est bien connu en Europe.

Dans.quel tourment doit vivre ma famille ! Ne rien recevoir de précis sur ma santé ! Quand donc toutes ces incertitudes prendront-elles fin ? Verrons-nous ces troupes promises, attendues avec angoisse ? Pourrai-je enfin, donner moi-même signe de vie à ceux qui sont dans les larmes et l'inquiétude à mon sujet ?

Jeudi, 2 Août.

Vers 6 heures et demie du soir, un messager est arrivé de Tientsin qu'il avait quitté le 30 juillet. Il apportait des lettres pour les légations d'Allemagne et des Etats-Unis et pour Sir Robert Hart. La lettre reçue par ce dernier était de M. Drew, Commissaire des Douanes à Tientsin et disait :

« Votre télégramme du 21 a été expédié en Europe ; ne perdez pas courage ; des troupes arrivent chaque jour. L'ennemi est à Pé-tsang. Les Japonais et les Russes sont en face d'eux. Peu de pluie. Le Yang-Tsé-Kiang est agité. Li-Hung-Chang est à Shanghaï. Tientsien est sous le gouvernement d'une commission étrangère. La Mandchourie menace les étrangers. Nieuchwang est bien troublé. Canton, la rivière de l'Ouest et Ichang sont menacées. Espérons la délivrance prochaine de vous tous. »

— La lettre que M. Congher a reçue est écrite par le Consul américain à Tientsin, M. Ragsdale, en ces termes :

« 28/7-00. Nous avions perdu tout espoir de vous revoir jamais ; nous avons eu 30 jours de bombardement et 9 jours de siège. Presque chaque maison a été touchée. En Europe, on est très inquiet. Nous prions en souhaitant votre délivrance prochaine. Les troupes quitteront probablement Tientsin demain. »

— De J. S. Mallory, lieutenant-colonel, 41ᵉ Inf. Etats-Unis :

« 30/7-00. Une colonne de 10000 hommes est prête à partir immédiatement ; d'autres suivront. Dieu veuille qu'ils arrivent à temps ! »

— Vers 11 heures, trois marins et cinq volontaires occupent le « Marché Mongol », situé à une demi-heure de la légation du côté de Chien-Men.

Dans la journée, quelques coups de fusil qui deviennent incessants pendant la nuit.

Vendredi, 3 Août.

Une garde permanente est établie au Marché Mongol qui devient un de nos meilleurs avant-postes.

Le Tsung-Li-Yamen écrit deux missives aux Ministres leur proposant encore de nous envoyer à Tientsin sous bonne escorte commandée par Yung-Lu lui-même ; en outre, le Tsung-Li-Yamen se charge d'envoyer tous nos télégrammes, même chiffrés.

La fusillade se calme, les Chinois tiennent à nous amadouer.

Samedi, 4 Août.

Deux Russes sont blessés par la même balle. Il a plu à torrents pendant la nuit. On a fortifié le Marché Mongol.

Rumeur : *Des hommes noirs montés sur des chevaux ont été vus par des soldats chinois.*

Dimanche, 5 Août.

L'un des Russses blessés hier est mort cette nuit. Le Ministre d'Italie reçoit du Tsung-Li-Yamen un télégramme lui annonçant la mort du roi Humbert.

Nouvelle lettre de Tientsin :

« 29/7-00. Nous avons tenté de vous secourir depuis le 21 Juin. La concession étrangère a été délivrée le 23 Juin et Seymour le 24. L'arsenal de l'Est a été pris le 26 et celui de l'Ouest le 10 Juillet. Tientsin délivré le 14 Juillet. Nous enverrons dans deux jours une colonne de 10.000 hommes Anglais, Japonais et Américains. »

A 2 heures du matin, furieuse attaque de la Légation.

Lundi, 6 Août.

A 2 heures un quart, les Chinois ont commencé à tirer jusqu'à 3 heures, puis le calme s'est rétabli.

On reçoit encore une lettre du Tsung-Li-Yamen se plaignant de ce que nous avons commencé les premiers à tirer et pourtant. nous avons à peine riposté. Tout est tranquille pendant la nuit.

Ma journée est bien remplie : j'ai lavé, raccommodé et repassé sans relâche. J'avoue humblement que c'est très fatigant et que je suis bien lasse.

Mardi, 7 Août.

Vers 11 heures 1/2, les cris de : Sha, sha, (tue, tue) sont entendus et une fusillade enragée commence. Nous ripostons à l'aide du canon « Nordenfield » ; une muraille tombe mettant à découvert une dizaine de Chinois dont on eut vite raison.

Mercredi, 8 Août.

On reçoit du Tsung-Li-Yamen la nouvelle que Li-Hung-Chang est désigné pour les communications télégraphiques avec les Ministres des nations étrangères. On apprend, en même temps, la nouvelle de la mort du duc d'Edimbourg, frère du Prince de Galles.

Un déplorable accident a eu lieu : Un marin français a été mortellement blessé par un de ses camarades qui est au désespoir du malheur que vient de causer sa maladresse. La balle a traversé les poumons.

Jeudi, 9 Août.

Beaucoup de bruit au Marché Mongol. On entend causer les Chinois qui voudraient bien s'approcher mais n'en ont pas le courage. Quatre boxers s'avancent : le premier est tué, le second blessé, les deux autres s'enfuient. Les Chinois lancent des pierres et des briques. On tire pendant toute la matinée. Trois volontaires de la douane s'approchent des meurtrières chinoises et les bloquent à l'aide de briques. Furie des Chinois qui ne peuvent plus tirer ; ils se vengent en lançant des briques par-dessus la barricade, mais ils n'atteignent personne.

Attaques incessantes sur divers points de la Légation. Le Fou et la légation de France ne sont pas épargnés.

On reçoit dans la journée une lettre du Général Gazelee datée du 8 Août et venant de Tsaï-t'ouen : « Les alliés, dit-il, s'approchent et l'ennemi a été vaincu deux fois. Ne perdez pas courage. »

— Nos cœurs renaissent à l'espérance si longtemps déçue et nous croyons enfin à la délivrance prochaine. Il est temps, car nous sommes à bout de forces ; la nourriture est exécrable (riz chinois, millet bouilli, pain noir fait avec du blé avarié et des graines) ; les conserves de viande sont finies depuis longtemps et nos pauvres volontaires n'ont plus qu'une faible portion de mulet et quelques gouttes de vin par repas.

Vendredi, 10 Août.

Rien d'anormal. On tire toujours. Il a plu pendant toute la nuit.

Samedi, 11 Août.

Pendant la nuit, bombardement effrayant et prolongé dans la direction du Pei-tang. Depuis 5 heures du matin, la fusillade à laquelle s'ajoute le grondement du canon ne s'arrête pas.

Les légations de France, d'Angleterre, le Fou et le Marché Mongol sont l'objet d'attaques furieuses et incessantes.

Que la délivrance soit proche car les forces m'abandonnent. Le jour du salut tant souhaité ne luira pas pour moi s'il tarde à venir.

Je me suis épuisée physiquement et moralement surtout, continuant, malgré les affres d'une situation horrible, ma tâche auprès des enfants de Monsieur et Madame **Piry**. La fièvre me gagne et je ne mange plus. Faut-il si près du salut, dire adieu, de si loin, à ceux dont ma pensée est pleine ? Est-il possible que je doive renoncer au bonheur de serrer dans mes bras une mère et une sœur chéries, des enfants bien-aimés dont je suis le seul soutien ?

Que Dieu, qui n'abandonne jamais les siens, ait pitié de moi !

Dimanche, 12 Août.

Au Marché Mongol, bon nombre de Chinois sont tués. Parmi ceux-ci se trouve un officier. La canonnade dure de 8 heures du matin à 7 heures du soir. La soirée est terrible. Les légations de France, d'Angleterre, d'Allemagne, le Fou, sont attaqués avec furie. C'est un bruit infernal à nous rendre enragés.

Le capitaine Labrousse et un marin français sont tués. Les troupes arriveront trop tard pour ces nouvelles victimes d'une peuplade barbare. La plupart des Chinois ont des Mauser, fusils modernes dont ils se servent très bien.

On dit qu'une bataille a eu lieu à Chang-Chia-Wan et que les Chinois ont été battus.

— Mes deux plus jeunes élèves se soucient peu de ce qui se passe. Ils ont adopté deux chats et un chien tout petits. Je leur ai fait des colliers, à la grande joie des enfants qui ne s'occupent plus que du bien-être de ces petites bêtes.

— M. Chamot élève, dit-on, une trentaine de chats qui figureront peut-être sur nos tables comme civets de lièvre quand mulets et riz seront consommés.

Lundi, 13 Août.

Chaleur torride. 25 Chinois et un officier sont tués au Mongol-Market. Le Général Chang y trouve aussi la mort ; c'est celui qui avait affiché des placards par lesquels il annonçait qu'il massacrerait tous les étrangers en cinq jours. Il n'a pas eu le temps de mettre son projet à exécution.

On reçoit un avis du Tsung-Li-Yamen annonçant la visite des Ministres pour des négociations de paix. Sir Claude Macdonald reçoit un avis annonçant que tout Chinois qui sera surpris tirant sur les étrangers sera tué par ordre des autorités.

On ne croit pas à ce message et les canons sont chargés.

Il pleut à torrents.

Les Chinois ne tardent pas à commencer le feu et tirent continuellement. L'attaque est furieuse à la légation d'Angleterre, et nous ne pouvons prendre un peu de repos que vers 11 heures.

Un canonnier américain est blessé à l'épaule, l'os est cassé ; un marin anglais est atteint au bras.

Mardi, 14 Août.

A 2 heures du matin, des coups de canon lointains encore sont entendus. Nous restons jusqu'à 5 heures sur la vérandah. Ce sont nos troupes cette fois, sans erreur possible, car on distingue parfaitement la différence de tir. Il y a attaque et défense.

A 5 heures et demie, le calme se rétablit et c'est avec anxiété que nous attendons de nouvelles certitudes.

La porte de l'Est de la ville, Chi-Hua-Men, est bombardée et démolie.

Vers 7 heures et demie, les coups de canon redoublent. « Les troupes sont là ! » telles sont les paroles qui circulent de bouche en bouche. L'émotion est extrême et l'on ne peut pas proférer d'autres mots que ceux-ci.

L'excitation, la joie s'emparent de nos cœurs malgré l'inquiétude de la lutte finale, mais... les troupes sont là et nous serons sauvés.

A 3 heures de l'après-midi, les Indiens (Sikhs) entrent les

premiers dans la légation d'Angleterre et se rangent sur le tennis
Après eux viennent les Anglais et les Américains.

Alors, ce n'est plus de la joie, c'est du délire que nous
éprouvons et nos sauveurs sont salués, acclamés par des hourras
retentissants. On pleure, on s'embrasse, l'émotion nous serre la
gorge, et on s'étreint avec force.

Enfin la délivrance tant attendue s'est produite et Dieu nous
prenant en pitié, met fin à nos tortures par l'arrivée de tous
ces braves cœurs.

Nos troupes françaises n'arrivent qu'après ; à elles sont
jointes les troupes russes et Japonaises.....nous sommes
sauvés ! Dieu soit loué !

Jeudi, 15 Août 1900.

Légation d'Angleterre.

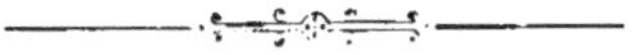

Jeudi, 16 Août 1900.

Ce n'est qu'aujourd'hui qu'a pu s'opérer la délivrance du
Pei-tang par nos troupes et leurs alliés.

Il était temps aussi pour ces pauvres martyrs ; comme nous,
ils en étaient réduits aux dernières extrémités et n'avaient plus
que pour quelques jours de vivres.

.   .   .   .

Dans les jours qui suivent s'organisent des départs pour
évacuer la légation d'Angleterre.

Le convoi américain part le lundi, 21 Août.

Le mercredi, 23 Août se forme le convoi des Anglais auxquels la famille Piry et moi nous nous joignons.

.   .   .   .

Ainsi viennent de s'écouler cinquante-cinq jours de jours de
siège ou soixante-quatre de séjour dans la légation d'Angleterre.

Je me sens très malade, je ne mange plus. Mon cœur se brise
de douleur en songeant aux miens, car le voyage si fatigant de
Pékin à Shanghaï achèvera l'œuvre de ce terrible siège.

Pékin. 2? Août 1900.